Non è sempre la solita storia

Jack, Reese e Venezia
(Italian Stories Level 1)

By Chiara Carnelos
University of California–San Diego

cognella®
academic publishing

Bassim Hamadeh, CEO and Publisher
Michael Simpson, Vice President of Acquisitions
Jamie Giganti, Managing Editor
Jess Busch, Graphic Design Supervisor
Seidy Cruz, Acquisitions Editor
Sarah Wheeler, Senior Project Editor/Interior Designer
Alexa Lucido, Licensing Associate

First published in the United States of America in 2015 by Cognella, Inc.

Printed in the United States of America
ISBN: 978-1-62661-918-0 (pbk)/ 978-1-62661-919-7 (br)

www.cognella.com   800-200-3908

DEDICATION

To big J. and little J. who transformed my
ordinary life into the most colorful of wonderland.

To Giacomo e Davide De Carlo for
being who they are: remarkable people.

CONTENTS

TO THE READERS

D ear learners of Italian, this easy reader is designed to help you explore the language and culture of Italy in a meaningful, up to date context. You will certainly encounter words and grammar structures that you are not yet familiar with, but don't worry. Arm yourself with patience and curiosity, try to follow the main story line and don't worry if you don't understand everything; at this point in your learning process is not necessary to understand everything to enjoy your reading and to make progress. Use the cues and clues provided by the pictures, the "Schede Culturali" and "Grammar points" at the back of your book. Ask your instructor to help you understand. She/he will be more than happy to draw a picture or do a mime to convey the meaning of what is not yet clear. A very fun exercise that will help you remember and review the story as well as the vocabulary presented is to re-read the dialogues with a classmate. Pretend you are actors and go for it.

The short of it is this. This is the story of two young people coming from different continents who happen to meet and like each other (it has happened, it will happen again, maybe to you too). And this is the story of an Italian instructor and her adventures in an American classroom. Enjoy!

Chiara Carnelos

TO THE TEACHERS

Dear colleagues, I hope you will enjoy this reading. You will see that a visual dictionary is provided in the form of pictures near the word I believe to be difficult or plainly new; however only you can judge which vocabulary is best to introduce and when to do so. Some chapters are easier than others. An approach to make the reading more meaningful and a bit easier to understand would be to ask your students to read the Schede culturali before reading the story.

In general I find it useful to introduce the story line and new vocabulary before I read the chapter with my students or I ask them to read it at home. I do a lot of TPR (total physical response) and I notice that students of every age and level enjoy getting out of their chairs. I ask true or false questions right after the reading of a chapter. I ask students to pair up and re-read the dialogues. At times I ask them to act out a scene in front of the class (after an adequate preparation time). Another fun exercise is to isolate a very brief passage and ask your students to read it pretending to be: a journalist, a movie star, sleepy, very excited, unbelievably happy, unbelievably sad, etcetera. Enjoy!

Chiara Carnelos

LIBRO 1

PROTAGONISTI

Giacomo De Carolis, studente alla Ca' Foscari, Venezia

Reese Cannoli, studentessa americana in Italia

Clara DeAngelo, professoressa di italiano in America

Davide De Carolis, fratello di Giacomo

Studenti d'italiano

Famiglia di Giacomo e Davide

I LUOGHI DELLA STORIA

Stazione dei treni, Santa Lucia

Università Ca' Foscari

Piazza San Marco

Il Campanile

Le Procuratie Nuove

L'Ala Napoleonica

Le Procuratie Vecchie

La Torre dell'Orologio

Il Palazzo Patriarcale

La Basilica di San Marco

Giardini della Biennale

Campo Santa Margherita

Campo della Pescaria

Ponte di Rialto

CAPITOLO 1

Giacomo De Carolis, 2014

SCOPRIRE CHE NELLE AULE DELLA MIA UNIVERSITÀ C'È IL WI-FI È STATA LA FINE DELLA MIA CARRIERA UNIVERSITARIA. LIKE. COMMENT. SHARE

Mi chiamo Giacomo, ma il mio soprannome è Deca, per i parenti Jack. Sono il più alto della mia famiglia e questo è bello. Sono magro. Come sono i miei capelli? Dipende dallo stile del momento, a volte tipo i Beatles, a volte cortissimi. Ho gli occhi castani e il naso un po' lungo, ma è un punto forte perché mi rende unico. Ho una faccia simpatica, a volte mi lascio anche crescere i baffi, per divertimento. Ho vent'anni. Mia mamma e mio papà sono Ok. Non è che ci sia tanto da dire su di loro. Mio fratello Davide ha ventisette anni ed è un artista. Vive a Venezia, si è appena laureato in Arte e vuole cambiare il mondo una mostra alla volta. Boh, bravo chi lo capisce! Comunque andiamo abbastanza d'accordo, anche perché mi conviene, io ho appena cominciato l'università Ca' Foscari a Venezia e a volte dormo a casa sua, invece che fare ogni giorno il pendolare. Venezia di notte è bellissima e ci sono le feste universitarie. Studio lingue: inglese e russo. Dopo cinque anni di scuola superiore, l'inglese lo so abbastanza bene, ma non so nemmeno una parola di russo. Se continuo a surfare il web e usare il mio telefonino in classe, non credo che ce la farò. Però mi diverto tantissimo!

VERO O FALSO?

1. Giacomo vive a Venezia.
2. Davide ha un fratello.
3. Giacomo studia il tedesco.
4. Giacomo parla benissimo il russo.

COMPLETA CON UN COMPAGNO.

Mi piacciono/non mi piacciono le mostre d'arte perché sono ＿＿＿＿＿＿
(aggettivo)
Il mio soprannome è ＿＿＿＿＿＿
Il mio punto forte è ＿＿＿＿＿＿
Io mi laureo fra uno/due/tre/quattro anni

DIALOGO A COPPIE.

Come ti chiami? Di dove sei? Di che colore sono i tuoi capelli? E i tuoi occhi? Sei alto o basso? Hai un fratello o una sorella?

alto vs. basso

magro

capelli

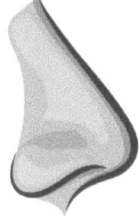

naso

dormo-dormire

laureato-laurearsi

telefonino

pendolare

baffi

CAPITOLO 2

San Diego, CA, 2013

«B uon giorno ragazzi», dice la professoressa con un sorriso. Muove la mano da destra a sinistra. Gira la testa di qua e di là, «buon giorno, buon giorno». Mette i libri sulla cattedra, accende il computer, apre un quaderno rosso per fare l'appello, ma poi si ferma e guarda ancora gli studenti. Sono più di trenta. Sono alti e bassi, hanno capelli biondi o castani, neri o rossi, rosa o verdi; hanno occhi grandi e piccoli, azzurri, marroni, verdi, grigi, neri. Sono tutti diversi, ma sono tutti belli. La professoressa scrive alla lavagna: mi chiamo Clara DeAngelo, poi parla ancora. «Cari ragazzi, mi chiamo Clara DeAngelo, sono italiana, non sono americana. Insegno da tanto tempo. Sono di un paese piccolo piccolo vicino a Venezia. Conoscete Venezia? A Venezia ci sono tanti musei, tanti piccioni, tanti canali ... », gli studenti la guardano confusi. Lei parla velocemente. È il primo giorno all'università, nessuno di loro conosce l'italiano. Alcuni

studenti parlano lo spagnolo e capiscono un poco. « ... va bene, Ok»
dice la professoressa. Disegna alla lavagna uno stivale e scrive ITALIA. Lo
divide in venti regioni. Nella regione Veneto, a nord-est, scrive Venezia. Poi
disegna una gondola, un gondoliere e dei pesci. «Allora, a Venezia ci sono i
canali, l'acqua, i pesci, le gondole e i gondolieri. Capite? Sì? Va bene? Ok?»
Gli studenti fanno segno di sì con la testa, alcuni dicono: «Sì». «Evviva»,
pensa la professoressa. «Io mi chiamo Clara, sono di un paese vicino a
Venezia. Piacere!» Adesso fa una cosa strana. Indica ad uno studente di
venire vicino a lei e dice: «Io mi chiamo Clara e Lei?». Lo studente con
gli occhiali e la faccia simpatica guarda la professoressa, poi guarda gli
altri studenti, poi dice: «Ah! Jared». La professoressa continua: «Bravo
Jared! Piacere!», e allunga la mano. Anche Jared allunga la mano e mentre
si stringono le mani la professoressa dice: «Piacere, Jared!» e Jared dice
«Piacere!».

«Mi chiamo Clara, Lei si chiama Jared. Io sono di un piccolo paese
vivino a Venezia e Lei?» «San Diego in California.» «Evviva!» esclama la
professoressa, «bravissimo Jared. Adesso tutti gli studenti si presentano. Sì,
voi studenti, alzatevi» e fa un gesto con le mani, «camminate e presentatevi
così: mi chiamo _____, sono di _____ in _____. Piacere!»
Fa un applauso a Jared e tutta la classe si unisce. Clap, clap. Adesso gli studenti non hanno più paura e sorridono. Forse l'italiano nonè difficilissimo.

VERO O FALSO?

1. Gli studenti capiscono tutto.
2. Clara è americana.
3. In classe ci sono venti studenti.
4. Clara parla velocemente.

PRESENTATI AL RESTO DELLA CLASSE SEGUENDO IL MODELLO.

Mi chiamo _____, sono di _____ in _____.
Piacere!

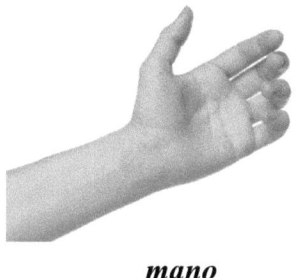

mano

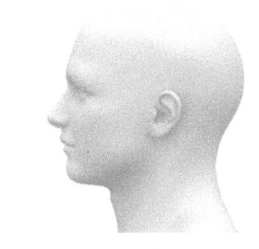

testa

lavagna

piccioni

stivale

occhiali

CAPITOLO 3

Giacomo De Carolis, 2014
Sı nuota a stile libero oggi
Like. Comment. Share

Scendo dal treno alla stazione di Santa Lucia. Oggi a Venezia piove. Io non ho l'ombrello e non ho gli stivali: oddio! A Venezia quando piove c'è l'acqua alta e sembra di stare in mezzo a un lago. Di sicuro mi bagno le scarpe e i jeans, no! Cosa succede a Venezia con l'acqua alta?

Quando l'acqua supera i 110 cm, le persone di Venezia, che si chiamano veneziani, sono avvisati da sirene (segnali acustici) e da sms. Poi il personale del Comune mette delle passerelle nelle vie principali della città. Di solito piazza San Marco è sott'acqua. Una volta un americano ha fatto scii nautico proprio lì, ho visto li video su YouTube: pazzesco. Cosa fanno i turisti a Venezia con l'acqua alta? Devono avere pazienza. Aspettare due, tre, quattro ore. Aspettare che l'acqua sia defluita e mettersi gli stivali. Io però non posso aspettare, devo andare a lezione a Ca' Foscari quindi mi metto due sacchetti dell'immondizia ai piedi e li lego bene all'altezza delle ginocchia. Non sono molto elegante, ma mi bagno meno.

«Scusa ... », dice una ragazza molto carina, castana con gli occhi azzurri, *i capelli lunghi* e mossi «devo andare all'università, ma non so la strada. Mi puoi aiutare?»

«Certo. Allora, adesso appena uscita dalla stazione, attraversa il Ponte degli Scalzi sulla sinistra, sopra il Canal Grande, poi gira a destra verso la Fondamenta San Simeone Piccolo e continua fino alla fine della strada, gira a sinistra. Poi vedi i Giardini Pubblici e continui dritto, attraversa un ponticello e poi gira a sinistra. Sei in Fondamenta dei Tolentini ... »

La ragazza mi guarda confusa. Molto confusa. «Hai capito le spiegazioni fino alle Fondamenta dei Tolentini?» chiedo sorridendo.

«Fondamenta che cosa? Parli velocissimo, e poi qual è la destra e quale la sinistra?», mi guarda e alza la mano destra: «Questa è la sinistra, vero?».

«No, è la destra. Hai un accento simpatico, sei inglese?»

«No, sono americana. Mi chiamo Reese e tu?»

«Mi chiamo Giacomo, piacere. Sei a Venezia in vacanza?» Come ha detto che si chiama, Re-ri-s, Riss? Boh! Faccio brutta figura se le domando di nuovo.

«No, studio qui per un anno. Ho passato due settimane a Roma per fare un corso di orientamento, ma non mi hanno detto le istruzioni per andare all'università dalla stazione.»

«Non ti hanno dato le direzioni ... », sono proprio scemo, anch'io devo andare all'università, possiamo andare insieme, no? «Senti, anch'io vado alla Ca' Foscari, se vuoi andiamo insieme.»

«Malvolentieri!» mi dice con un sorriso.

«Malvolentieri? Preferisci andare da sola?», questa ragazza è un po' strana.

«No, preferisco venire con te, malvolentieri! Come devo dire?»

«Ah! Vuoi dire: magari!»

«E allora malvolentieri cosa vuol dire?»

«Significa che non vuoi veramente venire con me.»

«Scusa, Gia ... Gia ... »

«Giacomo. E tu sei, Re ... »

«Reese, come l'attrice Reese Whitherspoon di *Legally Blonde.*»

«Legally ... che cosa? È un telefilm come *Law & Order*?»

«Non proprio, andiamo?» dice Reese ridendo.

«Sì, ma prima metti questi due sacchetti dell'immondizie ai piedi. Guarda come faccio io e fai lo stesso. Oggi c'è l'acqua alta a Venezia.»

VERO O FALSO?

1. Giacomo ha l'ombrello.
2. Giacomo arriva alla stazione di Mestre.
3. Reese è inglese.
4. Giacomo e Reese vanno insieme all'università.

PARLA CON UN COMPAGNO.

Sei americano/a? Tuo padre è americano? Tua madre? Conosci una persona italiana?

nuotare

ombrello

acqua

passerelle

aspettare

*sacchetti
dell'immondizia*

piedi

sorridendo-sorridere

CAPITOLO 4

San Diego, CA, 2013

È la seconda settimana di università. Gli studenti adesso sanno come salutarsi: ciao, buon giorno, buona sera, arrivederci. Sanno fare una conversazione breve e conoscono alcune espressioni utili. Per esempio sanno che "Non ho capito" significa "I didn't understand" o che "Può ripetere?" significa "Can you repeat?".

«Buon giorno cari studenti!», la professoressa entra in classe sorridendo. Sembra sempre contenta. Ha i capelli lunghi castani e gli occhi castani. Indossa sempre le scarpe con il tacco.

«Buon giorno professoressa! Buon giorno Clara! Buon giorno», rispondono gli studenti.

«Che giorno è oggi, cari studenti?»

«Oggi è martedì» dice Emma.

«Brava Emma, lo scrivi alla lavagna per favore? Grazie.»

«Cari studenti», la professoressa quando parla muove tantissimo le mani, «ripassiamo. Ci sono due studenti volontari? Due studenti coraggiosi che vogliono fare un esempio di conversazione?»

Gli studenti si guardano la punta delle scarpe, guardano l'orologio, il libro, ma non guardano la professoressa: «Dai! Siete bravi, potete fare una conversazione breve, sono sicura. L'importante è provare».

Jack alza la mano, poi Chelsea alza la mano. «Bravissimi! Applauso per Jack e Chelsea che sono coraggiosi», clap, clap. «Volete cominciare?».

«Ciao, mi chiamo Jack, sono di Orange County in California e tu?»

«Ciao, mi chiamo Chelsea, sono di Los Angeles in California. Come stai?»

«Sto molto bene, grazie e tu?»

«Benissimo, grazie. Ti piace la pizza?»

«Sì mi piace! Ti piacciono le lasagne?»

«Oh sì, mi piace mangiare e anche cucinare e a te?»

«Mi piace mangiare, ma non mi piace cucinare. Mi piacciono il gelato, i tortellini, gli hamburger.»

«Bravissimi!». La professoressa è molto contenta. Jack e Chelsea parlano molto bene.

Uno studente alza la mano. «Dimmi Paul.» «A Lei piace cucinare?» «Sì, mi piace moltissimo. In particolare mi piace cucinare gli gnocchi al ragù, e a te Paul?»

«Sì, sono bravissimo, preparo i cereali ogni mattina e metto nel forno a microonde diversi cibi tutte le sere!» Tutti ridono. Paul è divertente e simpatico.

VERO O FALSO?

1. Oggi è mercoledì.
2. Emma scrive alla lavagna.
3. A Clara piace cucinare.
4. Paul è antipatico.

CON UN COMPAGNO FAI UNA CONVERSAZIONE COME QUELLA DI JACK E CHELSEA.

le scarpe con il tacco

forno a microonde

CAPITOLO 5

Giacomo De Carolis, 2014

APPASSIONARMI A *BREAKING BAD* A UN MESE DAI MIEI PRIMI ESAMI UNIVERSITARI NON È PROPRIO LA COSA MIGLIORE CHE POTESSI FARE.
LIKE. COMMENT. SHARE

Sono in classe di letteratura italiana con Reese. È molto simpatica, intelligente e veramente molto carina. Spesso devo spiegarle il significato di una parola, ma in generale parla bene e capisce quasi tutto. Mi ha detto che a Roma ha fatto un corso d'italiano. Di cognome si chiama Cannoli. Buffo, no? Suo nonno era italiano. Parliamo spesso delle cose che ci piacciono. Per esempio le serie Tv e la musica.

A Reese piace *Breaking Bad*, anche a me piace. Parliamo molto di questo telefilm che ci appassiona. È un classico. A lei piace molto Jesse Pinkerman (io gli assomiglio un po'?). A me piace moltissimo Walter White. So che è un bastardo che fa tantissime cose sbagliate, ma mi piace lo stesso e poi Bryan Cranston è un attore fantastico. Reese dice che Aaron Paul è un bomber. Ho insegnato io questa parola a Reese. Che ridere! Noi la usiamo per dire che un amico è un grande, è figo, è simpaticissimo. Oppure se uno fa qualcosa, tipo prende un bel voto senza studiare, si dice "hai fatto la bomberata". Per esempio Jesse Pinkerman non è un genio della chimica, ma fa tantissimi soldi con le metanfetamine blu, quindi ha fatto la bomberata.

Comunque chiariamo una cosa, io una sigaretta ogni tanto la fumo, ma punto e basta. Niente droga, la vita è già complicate senza le droghe. Mia mamma non sa che fumo. A lei il fumo fa schifo e dice che è pericolosissimo. Secondo me anche lei nella vita ha fumato qualche sigaretta, solo che adesso non me lo dice.

«Giacomo, stai attento! La professoressa parla» sussurra Reese; gli occhi che le ridono.

«Parla, parla, è noiosissima, che mattone, dice sempre le stesse cose ... »

«Per favore smettetela di parlare voi due o uscite dall'aula, che gli altri studenti vogliono imparare, qui si viene per studiare, non per chiacchierare, capito?»

«Scusi professoressa» dice Reese, «il mio compagno non ha capito l'ultimo concetto, dopo gli do i miei appunti». Sì, lei che dà gli appunti a me, metà scritti in italiano e metà in inglese, con i disegni ai bordi. Reese disegna quando si annoia. Io parlo.

«Va bene, va bene, ma in silenzio! Dicevo, la poesia di Dante Alighieri nel quinto canto dell'Inferno è sublime, sentite qui. Lei, laggiù, legga dal 100 al 108», la professoressa è seria e un po' antipatica. È alta, bionda e magrissima, non sorride mai.

«Chi, io?» dice una studentessa che stava aggiornando le sue tabelle su Pinterest.

«Sì, Lei, Lei. Ma siete tutti distratti oggi? Dal 100 al 108.»

E la studentessa con qualche difficoltà legge.

«Amor, ch'al cor gentil ratto s'apprende,
prese costui de la bella persona
che mi fu tolta; e 'l modo ancor m'offende.

Amor, ch'a nullo amato amar perdona,
mi prese del costui piacer sì forte,
che, come vedi, ancor non m'abbandona.

Amor condusse noi ad una morte.
Caina attende chi a vita ci spense.»

Queste parole da lor ci fuor porte.
Dante Alighieri, Inferno V, 100-108

VERO O FALSO?

1. Reese è simpatica e carina.
2. Giacomo quando si annoia disegna.
3. Reese parla sempre quando la professoressa spiega.
4. La professoressa parla di Dante Alighieri.

PARLA CON UN COMPAGNO.

Ti piace *Breaking Bad*? Che film o telefilm ti piacciono? Hai un attore/attrice preferito?

esami

soldi

sigaretta

voto

concetto

appunti

disegni

CAPITOLO 6

San Diego, CA, 2013

«Cari studenti, oggi ripassiamo il verbo essere e il verbo avere e parliamo anche degli aggettivi possessivi.»

«Professoressa?», dice Alisha.

«Dimmi, Alisha.» Ad Alisha piace raccontare le cose che le succedono, infatti: «Posso raccontare una storia?».

«Dipende, puoi dire la tua storia in italiano?», chiede la professoressa.

«Non sono sicura. Un po' sì e un po' no» risponde la studentessa.

«Allora cara Alisha aspettiamo. Quando la sai dire tutta in italiano la racconti. Sai che in classe parliamo sono in italiano. Se vuoi però a me la puoi raccontare dopo la lezione, va bene?»

«Va bene», dice Alisha rassegnata.

«Bene, continuiamo. Cari studenti mi dite il verbo essere al presente indicativo?» e gli studenti lo recitano a voce alta e molto bene. «Adesso il verbo avere.» Gli studenti sono un pochino più incerti, allora la professoressa chiede a Raul di scriverlo alla lavagna.

«Va bene, dovete studiare tanto per l'esame così prendete un bel voto. Allora, gli aggettivi possessivi … »

«Professoressa?»

«Dimmi, Alisha». Sospira la professoressa che vuole proprio spiegare gli aggettivi possessivi oggi, ma sa anche che è importante ascoltare gli studenti.

«Che cosa significa "allora"?»

«Buona domanda, significa: poi, beh, uhm, dopo. Tutte queste cose. È un po' come dire "well ... " in inglese.»

«Ho capito, grazie.»

«Prego. Chi sa finire questa frase? Il mio libro d'italiano è _____»

«Divertente, bello, rosso, interessante, difficile, lungo, pesante, costoso, colorato, noioso ... »

«Chi ha detto noioso?» chiede la professoressa incuriosita.

«Io» dice Raul, «ma scherzo! Il mio libro d'italiano è facile. Io sono del Venezuela e parlo spagnolo, quindi l'italiano per me è felice.»

«Felice o facile?» chiede Clara ridendo.

«Facile, facile» dice Raul, «ma anche felice, no?»

«Hai ragione Raul, anche felice», dice la professoressa.

VERO O FALSO?

1. La professoressa vuole spiegare gli aggettivi possessivi.
2. Ad Alisha piace raccontare storie.
3. Raul è italiano.
4. Allora significa "poi" o "dopo".

CON UN COMPAGNO COMPLETA LE FRASI CON DUE O TRE AGGETTIVI, POI CONFRONTATI CON UN'ALTRA COPPIA DI STUDENTI.

1. Il mio libro di italiano è _____
2. Il mio professore/professoressa è _____
3. L'italiano è _____
4. Il cibo italiano è _____

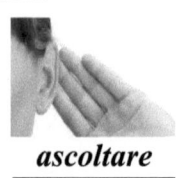

ascoltare

CAPITOLO 7

Giacomo De Carolis, 2014

IL PICCIONE IMBRANATO CHE ALZANDOSI IN VOLO SI SCHIANTA
SULLA MIA FACCIA MI MANCAVA.
LIKE. COMMENT. SHARE

Questa sera io e Reese andiamo al mercoledì universitario. Il mercoledì sera di solito gli studenti vanno in campo Santa Margherita, che è una specie di piazza piena di bar o al Crocodiles vicino alla stazione, dove invece si può ballare all'aperto in riva al canale … Adesso telefono a mio fratello.

Driin, drinn.

«Posso dormire da te stasera?»

«Devi proprio?»

«Ovvio, altrimenti non te lo chiedevo.»

«Ok, hai le chiavi. Non fare il cretino come l'altra volta che sei tornato alle 4 con due amici, quando arrivi fai piano. Io lavoro di mattina.»

«Dipende», mi piace far arrabbiare Davide.

«Non dipende. Dormi sul divano. Buona notte. Ah! Fai colazione al bar, non ho niente in frigorifero.»

«Posso portare un'amica?»

«Chi l'australiana? E dove dorme?»

«Scemo, è americana e vive lontano dal Crocodiles. Dorme sul divano, io per terra. Comunque grazie per stasera.»

«Ripeto, non fare rumore che ... »

« ... tu lavori, lo so, lo so. Grazie, ciao vecchio!»

«Cretino», click.

VERO O FALSO?

5. Davide ha un appartamento a Venezia.
6. Il mercoledì gli studenti fanno festa.
7. Al Crocodiles si balla.
8. Giacomo lavora.

PARLA CON UN COMPAGNO.

1. Ti piace ballare?
2. Ti piace la musica? Che tipo di musica?
3. Suoni uno strumento musicale? Il pianoforte? La chitarra?
4. Qual è il tuo giorno della settimana preferito?

ballare

chiavi

divano

frigorifero

vecchio

CAPITOLO 8

San Diego, CA, 2013

L'aula è vuota. Mancano 15 minuti all'inizio della lezione. La professoressa guarda i nomi degli studenti nel suo registro rosso e pensa:

«Ryan parla spesso e tanto con la sua amica Brie. Che siano fidanzati? È biondo con gli occhi azzurri. Vuole andare in Italia a studiare. E Brie? Forse anche lei va con lui. Bella idea!»

«Brie parla costantemente con Sarah, Jolene e Ryan. Parlano italiano o inglese? Parlano del programma o dei loro programmi per il weekend? Però è simpaticissima, non riesco a sgridarla.»

«Jolene è sempre in ritardo, ma cosa fa la notte? Studia o va alle feste? Quando le chiedo perché è in ritardo, mi guarda con due occhi dolci e dice "mi dispiace", ma non dice mai il perché. Cosa faccio? Le do un meno per il ritardo o no? Credo di no.»

«Kate. Kate vuole fare l'avvocato. Me lo dice in inglese perché in italiano non è ancora capace. È bassa, con i capelli biondi e la faccia simpatica. Sbaglia gli aggettivi possessivi, ma sono difficili, è normale fare degli errori.»

«Ronelyn è molto educata. Dice sempre: grazie, prego, scusi, per favore. Alza la mano per fare le domande. Nei suoi compiti mette sempre molti adesivi di Hello Kitty. Interessante.»

«Sean fa parte della squadra di pallanuoto, per questo è spesso in ritardo e io non sono contenta. Si allena moltissimo e si sveglia alle cinque di mattina per andare in piscina con la sua squadra e l'allenatore. È altissimo, bruno e con gli occhi verdi. È un bel ragazzo. Dice che io non capisco gli atleti. Forse non li capisco, ma se Sean sorride e dice "mi scusi" come Jolene, io sono più contenta.»

«Nathaniel è molto creativo. Ha scritto una canzone su Leonardo Da Vinci in italiano. Ha cantato la canzone davanti a tutta la classe con la sua chitarra: coraggioso. Ha scritto le parole e la musica. Pronuncia le parole con la "R" francese, ma non importa. Bravo Nathaniel, A!»

«David è un mistero. Silenzioso, silenzioso. Parla solo se faccio una domanda e risponde solo con sì o no. Forse devo mettere Brie vicino a David. Brie parla tantissimo, così forse parla anche David.»

«Cerise parla sempre con Travis. Capiscono la grammatica italiana o non capiscono? Sorridono molto e sono molto educati. Travis è sempre vestito elegantemente, spesso con giacca e cravatta.»

«Audrey. Dove compra i suoi vestiti? Sono bellissimi, semplici e molto Anthropology! Gioca a tennis, ha tantissimi capelli ricci e biondi e un paio di occhiali.»

«Esther e Audrianna vengono vestite da cheerleader in rosso e blu. Sono i colori dell'università. Sono divertenti e contente.»

Gli studenti cominciano ad arrivare in classe. Clara guarda gli studenti e li saluta per nome. Alcuni studenti le ricordano il film *The Breakfast Club*. Ci sono le studentesse bellissime, vestite benissimo e truccate alla perfezione anche alle 8 di mattina. Ci sono gli studenti atleti con le loro uniformi o con le magliette con la scritta della loro squadra. Sono forti e spiritosi. Ci sono gli studenti tranquilli, fanno i compiti e portano sempre il libro in classe. Sono impegnati e intelligenti. Ci sono i duri, quelli che si vestono di nero e sembrano sempre arrabbiati, la vita è brutta, tutto fa schifo, non dicono "buon giorno", fanno solo un gesto con la testa. Sono arrabbiati e disordinati. Poi ci sono gli "alternativi" che si vestono in modo strano, hanno i capelli sopra gli occhi. Sono stressati, introversi e seri.

«Vi voglio bene, cari studenti» pensa la professoressa, «anche a quelli che pensano di no e vengono qui solo perché la frequenza è obbligatoria.»

VERO O FALSO?

1. Brie parla molto.
2. Jolene è sempre in ritardo.
3. Ronelyn non è educata.
4. Nathaniel non è creativo.

PARLA CON UN COMPAGNO.

Descrivi un tuo amico/a. Lui/lei si chiama _____.
Ha _____ anni. Ha i capelli _____ e gli occhi _____
È _____ e _____. Gli/Le piace _____.

avvocato

cravatta

vestiti

truccate-truccarsi

CAPITOLO 9

Giacomo De Carolis, 2014
DIFFICILE STUDIARE IN QUESTO PERIODO.
LIKE. COMMENT. SHARE

Reese mi ha raccontato un po' della sua famiglia. Ha un fratello maggiore e una sorella minore. Suo fratello fa il militare alle Hawaii e sua sorella fa la scuola per diventare chef. Che figo avere un fratello alle Hawaii! Suo fratello è sposato e ha una figlia, quindi Reese è zia. Reese ha 21 anni, io 20. Reese mi ha detto che sono un maleducato a chiedere l'età a una donna, ma poi si è messa a ridere. Lei è di un posto che si chiama Orange County, in italiano arancione o arancia! LOL. È vicino a Los Angeles. Dice che Los Angeles è una bella città e che vede molte star. Le ho chiesto chi, lei mi ha detto dei nomi come Kristen Stewart e Partison, Pattison, Paccison, boh! E chi è? Reese dice che è l'attore che fa il vampiro o il licantropo (uomo di giorno, lupo di notte), non mi ricordo più. Ho visto una foto su internet, non mi pare bello, ha il naso storto. A me invece piacciono tutti i film di Tarantino, di Martin Scorsese (quando danno l'Oscar al povero Leonardo DiCaprio?), *Lords of Dogtown, Green Street Hooligans, Argo*, insomma, i film d'azione. A Reese piacciono di più i film d'amore. Ah, le ragazze …

Bip bip. "Stasera. Grand closing party@giardini biennale? R.»

Bip bip "c/o In Paradiso, di fronte alla fermata del vaporetto "Giardini della Biennale?" -G.

Bip bip "Sì. E se piove? -R.»

Bip bip "Evento sempre garantito anche in caso di pioggia e acqua alta (ai Giardini l'acqua non sale mai e il battello ferma esattamente davanti al locale :-)) Cit." -G.

Bip bip "Ora?" -R.

Bip Bip "9?" -G.

Bip bip "OK!" -R.

Ah le ragazze ...

VERO O FALSO?

1. Reese scrive un sms a Giacomo.
2. Reese ha due sorelle.
3. Reese è di San Francisco.
4. A Giacomo piacciono i film d'azione.

SCRIVI.

Con un compagno scrivi un sms per invitare un amico a una festa. Scrivi cosa risponde l'amico. Leggi il testo alla classe.

arancia

battello

arancione

CAPITOLO 10

San Diego, CA, 2013

«Cari studenti oggi studiamo le preposizioni, le preposizioni sono parole brevi che legano altre due parole o frasi.»

«Esempio?» chiede Reed.

«Esempio: di, a, da. Il libro è DI Reed. DI è una preposizione.»

«Grazie»

«Prego. Allora ... », la professoressa si ferma, c'è qualcosa che non va. Guarda gli studenti e chiede: «Tutto bene?».

Alcuni rispondono di sì.

«Forrester, Todd, tutto bene? Amir, tutto bene?», insiste la professoressa.

Forrester e Todd ridono, dicono «sì, sì». La professoressa è incerta, poi dice: «Aprite il libro a pagina 131 e cominciate a leggere, per favore», poi si avvicina ai due compagni che continuano a ridere. «Forrester, Todd, che ore sono?» chiede la professoressa.

«Sono le due.»

«Dove siete andati prima della lezione?»

«Abbiamo mangiato una pizza e ... » dice Todd. «Silenzio!» dice Forrester.

La professoressa li fissa intensamente. «Avete bevuto?» chiede.

«Noi? No!» rispondono Todd e Forrester in coro.

«Secondo me sì» dice la professoressa, «qui c'è odore di birra.»

Forrester e Todd abbassano gli occhi. «È vero, abbiamo bevuto qualche birra, ma ... »

« ... ma niente» dice la professoressa improvvisamente severa e senza sorridere. «Avete 22 anni, se volete bere sono affari vostri, ma non dovete venire in classe ubriachi! Adesso chiudete i libri e andate a casa.»

«Professoressa, no, per favore», Todd dà un calcio a Forrester che sta ridendo. «Stiamo in silenzio, non siamo ubriachi, abbiamo solo bevuto un po' ... »

«Questo è il primo e ultimo avvertimento, state zitti e buoni. Se vi sento ridere o se fate distrarre i vostri compagni, vi mando via subito. Capito? Muti come pesci!»

«Sì» dicono i due ragazzi.

La professoressa li guarda, poi si gira e va verso il banco di Amir.

«Amir? Amir? AMIR! Dormi?»

Amir ha la testa appoggiata al libro e russa piano, ronf, ronf.

«Che?» si sveglia all'improvviso.

«Come che?! Dormi in classe? Stai male?» chiede la professoressa. «Non dirmi che hai bevuto anche tu.»

«No, stamattina no, ma ieri sera c'era una festa ... »

«Ok Amir, zitto e buono. Leggi il libro e non parlare. Se ti addormenti ti spedisco a casa. Capito?»

«Sì, scusi.»

Mentre torna alla cattedra Clara sorride. Pensa a quando lei era all'università e alle volte che è andata a lezione con un gran mal di testa e gli occhiali da sole.

All'improvviso dalla finestra si sentono risate, rumori, suoni e musica altissima.

«Che cosa succede oggi?» chiede la professoressa preoccupata.

«Niente, professoressa, è la festa di Sun God» risponde Brie.

«Ottimo», pensa Clara con un sospiro, «ci mancava solo la festa universitaria più grande dell'anno nel giorno della mia lezione sulle preposizioni.»

VERO O FALSO?

1. Oggi è una giornata strana.
2. Todd e Forrester ascoltano attentamente.
3. Amir prende appunti.
4. Oggi c'è una grande festa.

PARLA CON UN COMPAGNO.

Ti piacciono le feste? Vai a molte feste nel weekend? Fai feste nel tuo appartamento? Dormi in classe?

pesci

un calcio

ubriachi

CAPITOLO 11

Giacomo De Carolis, 2014
LE FESTE SONO LA COSA PIÙ BELLA DELL'UNIVERSITÀ...
LIKE. COMMENT. SHARE

Alla festa ci sono molti compagni di corso. Marta, Elisa, Nicola, Ambra, Mattia e tanti altri. Ci sono tre DJ che suonano musica a tutto volume. Tanti ragazzi si fanno fotografie e video con i cellulari. Tutti bevono, qualcuno fuma.

«Dai, Reese, facciamo una foto» dico.

«Solo con Instagram così è più divertente e io divento più bella con i filtri colorati.»

«Ma se sei bellissima!» dico prima di avere il tempo di pensare. Oddio, cosa ho detto!

«Lo penso anch'io» dice Nicola. Si avvicina troppo a Reese. Ma cosa fa, ci prova? Nicola, ma sei cretino? Mi viene da urlare, da dargli un cazzotto, ma non faccio niente. Sono paralizzato. Sono io che l'ho salvata dall'acqua alta, io che le ho fatto vedere la strada per l'università e cosa vuole adesso Nicola? Pensa di essere bello solo perché ha i capelli ricci ed è un po' più alto di me?

«Reese, volevo chiederti se ti va di andare al cinema insieme domani sera. Magari prima mangiamo una pizza», dice Nicola.

Adesso lo strozzo, lo ammazzo, gli do un pugno e quattro calci. Reese mi guarda, allora sorrido anche se sono arrabbiato, poi guarda Nicola e dice: «Grazie Nicola, ma ho un altro impegno». Brava Reese!

«Allora magari dopodomani?» Nicola, ti ha detto di no, la vuoi smettere?

«Mi dispiace, ma anche dopodomani ho un impegno.» Bravissima Reese!

«Allora forse mercoledì prossimo?» chiede Nicola disperato. Basta Nicola, non le piaci!

«Non posso neanche mercoledì prossimo» dice lei con un sorriso.

«Wow, sei una ragazza impegnata e cosa devi fare di tanto importante?» dice Nicola sarcastico mettendole una mano sulla spalla. Di solito le ragazze gli dicono di sì.

«Devo uscire con Giacomo», dice Reese togliendo la mano di Nicola dalla sua spalla. La guardo sorpreso e felice.

Stasera offro da bere a tutti io, meno che a Nicola ovviamente!

VERO O FALSO?

1. A Nicola piace Reese.
2. A Reese piace Nicola.
3. Alla festa ci sono molti studenti.
4. A Giacomo piace Nicola.

SCRIVI.

Con un compagno scrivi un breve dialogo sul modello di Reese e Nicola. Uno studente invita un altro studente a una festa, ma lo studente dice di no tre volte. «Non posso perché devo + verbo all'infinito _____.» Poi leggi alla classe.

compagni di corso

fuma-fumare

urlare

cazzotto

strozzo

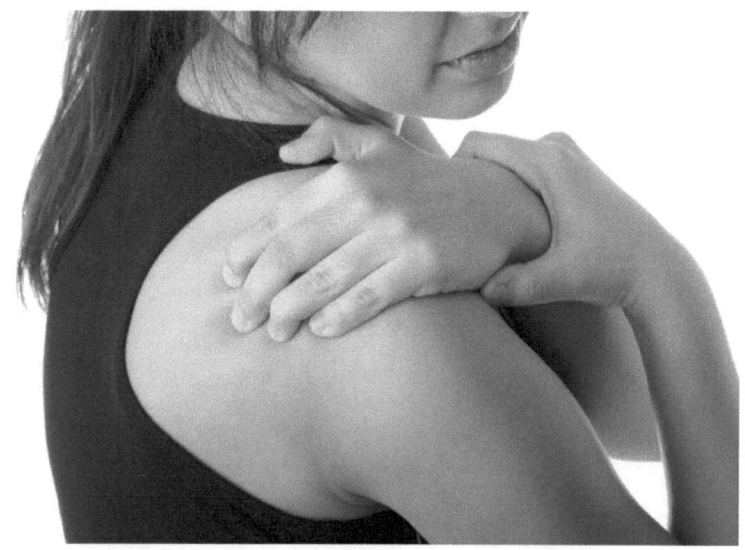

spalla

CAPITOLO 12

San Diego, CA, 2013

Clara apre il libro per preparare la lezione di domani: ripasso e il superlativo. Il superlativo, no! Il superlativo regolare è facile da spiegare, ma quello irregolare no. Gli studenti fanno sempre confusione fra migliore e meglio, peggiore e peggio. Clara capisce le difficoltà degli studenti. Lei si ricorda di quando è arrivata in California. All'inizio non capiva niente. Gli americani parlano velocemente e i californiani dicono sempre "like" anche quando non c'entra niente. Quindi capisce i suoi studenti, non è facile imparare una lingua nuova. L'inglese ha dei suoni che l'italiano non ha, per esempio "th" e viceversa, per esempio "chi". Non è sempre facile vivere in un Paese straniero. La lingua è difficile, le persone sono strane. Vestono in modo diverso, mangiano in modo diverso. I negozi sono grandissimi. In Italia Clara non ha mai visto un supermercato grande come Costco. Le sembra un hangar per gli aeroplani. Un'altra cosa davvero sorprendente sono i "drive through". Ci sono "drive through" per tutto: i fast food, le farmacie, le lavanderie, le banche. Incredibile! Anche le strade sono enormi, in Italia le strade e le macchine sono più piccole. Le mancano la pizza, la ricotta, il profumo del pane appena sfornato e chiaramente la sua famiglia. I genitori di Clara vivono vicino a Venezia, anche le sue due sorelle, Cristina e Monica e così i suoi nonni. Il nonno Luigi (Gieto), la nonna Teresa (Ina), sua nonna Assunta (Sunta) e l'altro nonno Luigi (Nino). I suoi due nipotini Emma e Francesco, le zie, gli zii e i cugini. Lei torna in Italia una volta all'anno, di solito a dicembre per festeggiare il Natale. Manca ancora un mese. Il Natale è una festa importante in Italia.

Adesso però è meglio finire di preparare la lezione, poi ci sono i quiz e i temi da correggere. Clara va in cucina a preparare un caffè, sarà una notte lunga.

VERO O FALSO?

1. Clara ha molto lavoro da fare.
2. A Clara non piace il caffè.
3. È facile imparare una lingua nuova.
4. Clara va in Italia a Natale.

PARLA CON UN COMPAGNO.

È facile imparare una lingua nuova? L'italiano è facile o difficile? È più difficile la grammatica, la pronuncia o il vocabolario?

suoni

Natale

CAPITOLO 13

Giacomo De Carolis, 2014
**PIAZZA SAN MARCO DI NOTTE: IL POSTO PIÙ BELLO DEL MONDO.
LIKE. COMMENT. SHARE**

Uscendo dalla festa non so cosa fare. Devo dire qualcosa a Reese? La prendo per mano? Sono indeciso. Di sicuro Jesse Pinkerman saprebbe cosa fare. Reese e io camminiamo verso il vaporetto con tantissimi altri ragazzi e ragazze. Sono le due di mattina. Quando siamo sul vaporetto siamo tutti schiacciati come sardine. Siamo sicuri che il vaporetto non vada a fondo come il Titanic? Io nuoto, ma l'acqua della laguna non è pulitissima e poi fa freddo, è novembre.

«Senti, Jack, andiamo in piazza San Marco?» chiede Reese.

«Perché no? Allora scendiamo fra due fermate e prendiamo l'altro traghetto, Ok?»

«Fantastico! Andiamo a esplorare Venezia di notte» mi urla Reese nelle orecchie. Forse ha bevuto un po' troppo o forse il volume della musica alla festa era troppo alto.

Piazza San Marco di notte a novembre è piuttosto vuota. C'è solo un gruppo di ragazzi e qualche turista ubriaco che non trova la strada per l'hotel.

Reese è entusiasta, salta e balla proprio al centro di piazza San Marco: «Guarda Jack, tutti gli edifici che ho studiato a scuola. Il Campanile, le Procuratie Nuove, l'Ala Napoleonica, le Procuratie Vecchie, la Torre dell' Orologio, il Palazzo Patriarcale e naturalmente la Basilica di San Marco!».

Peccato che i caffè storici Florian, Lavena, Quadri siano chiusi. È bello quando suonano musica classica all'aperto e sembra di tornare indietro nel tempo. Anche il primo latin lover italiano, Giacomo Casanova, veniva a bere il caffè qui.

«Senti Jack, è vero che una volta un elefante spaventato è entrato nella Basilica e c'è ancora il segno di dove si è seduto?»

«Elefanti non lo so, ma piccioni penso proprio di sì!»

«È vero quello che hai scritto su Facebook, che un piccione ti è venuto addosso? Che schifo!»

«È verissimo, poi mi sono fatto una doccia di un'ora e mi sono lavato i capelli e la faccia con tre o quattro saponi diversi!»

Reese ride e si siede sugli scalini del campanile. Mi siedo anch'io. «Senti Reese, torni a casa per Natale?»

«Un viaggio così lungo? No. Voglio vedere un Natale tipico italiano: i mercatini. Assaggiare il panettone e anche vedere la Befana il 6 gennaio!»

«Vuoi venire a casa mia per il cenone della Vigilia? Ci sono tutti i miei parenti, è un Natale tradizionale. Facciamo una cena grandissima a base di pesce, giochiamo a carte, beviamo lo spumante e apriamo i regali.»

«Secondo te, tua mamma è d'accordo?»

«Figurati, con tutta la gente che porta a casa mio fratello» dico, ma in realtà penso a tutte le ragazze che porta a casa Davide. Io lo prendo sempre in giro e dico che fa "il balletto delle fidanzate", via una arriva l'altra!

«Allora sì, benissimo. Porto dei fiori a tua mamma e una bottiglia di vino a tuo papà. La mia professoressa d'italiano mi ha insegnato che non si va mai a casa di un italiano a mani vuote. E io voglio fare bella figura.»

«Beh, grazie», e stiamo tutti e due in silenzio per cinque minuti. Sono lunghi cinque minuti.

«Giacomo, fa un po' freddo», dice Reese.

«Vuoi che andiamo? Ho le chiavi dell'appartamento di mio fratello, non è molto lontano ... »

«Giacomo De Carolis non capisci niente» dice Reese ridendo. Mi prende la mano, avvicina la faccia alla mia e mi dà un bacio.

«Ah, Ok, mi pareva, infatti, allora ... » dico, e so che non devo dire niente, ma quando sono nervoso io parlo. Adesso però è ora di dire un'ultima frase epica e poi stare zitto.

«Whitherspoon, mi hai rubato un bacio, lo rivoglio subito indietro», dico con la voce di un attore drammatico, mi sento molto Casanova. Bacio Reese per almeno cinque minuti, poi altri cinque minuti, poi altri cinque. Sono lunghi cinque più cinque più cinque minuti.

VERO O FALSO?

1. A Venezia fa freddo.
2. Giacomo vuole andare a piazza San Marco.
3. Reese va a casa di Giacomo per le feste di Natale.
4. A Reese piace Giacomo.

PARLA CON UN COMPAGNO.

Ti piace passeggiare di notte? Dove vai? Hai paura? Ti piace passeggiare dove c'è tanta gente o dove c'è poca gente?

camminiamo

vuota

salta-saltare

elefante

doccia

saponi

mercatini

Befana

regali

carte

fidanzate

fiori

bottiglia di vino

bacio

CAPITOLO 14

San Diego, CA, 2013
TEMA. SCRIVIAMO! LA MIA FAMIGLIA. 75 PAROLE.

«Ciao! Nella mia famiglia siamo in 10! Mia mamma, mio padre, quattro fratelli e quattro sorelle. La mia famiglia è molto grande. I miei fratelli si chiamano: Mark, Nicholas, Sam. Le mie sorelle si chiamano: Vicky, Skylar, Karla, Kate. Io sono il fratello più grande. Che responsabilità! Gli uomini della mia famiglia sono tutti alti e hanno i capelli castani e ricci. Tutte le donne della mia famiglia sono abbastanza piccole e hanno capelli lunghi, ricci e castani. Però Skylar ha i capelli biondi perché se li tinge! Mia mamma è insegnante in una scuola elementare, mio padre è ingegnere. Lui lavora molto. Io studio e gioco a pallacanestro.» Jackson P.

«Ciao, mi chiamo Melissa e sono metà americana e metà filippina. Ho i capelli lunghi, lisci e neri. Ho una sorella che si chiama Mia, anche lei ha i capelli lunghi e neri. Ha gli occhi grandi e verdi. Anch'io ho gli occhi verdi. Mia ha sedici anni e frequenta la scuola superiore a Fresno. Io ho diciannove anni e frequento l'università a San Diego. Studio italiano. Mio padre è americano. È alto e simpatico. Lui ha cinquant'anni. Mia madre è filippina. È bassa, bella e cucina bene. Cucina per noi il dolce che si chiama:-bibingka. Mi piace!»

Melissa N.

«La mia famiglia è italiana. Mio nonno è di Palermo in Sicilia, mia nonna è di Marsala, sempre in Sicilia. Loro sono i genitori di mio papà, infatti il mio cognome è Simone. Mio papà si chiama Giovanni (John). È alto, con i capelli ricci e la barba. È buffo e intelligente, ma è disordinato. Lui ha un ristorante a New York. Il ristorante si chiama Simone Grifone. Mio papà è bravo a fare i conti, ma non cucina tanto bene. Mia mamma si chiama Rosanna (Roxann). Lei è metà italiana e metà tedesca. È alta e bellissima. Ha i capelli corti e gli occhi verdi. Lei lavora al ristorante e cucina tantissimo e benissimo. Cucina i primi piatti come gli gnocchi, i secondi piatti come l'ossobuco e fa i dolci. Lei prepara tutti i dolci siciliani. Le sue paste di mandorla sono deliziose. Non ho fratelli e non ho sorelle, ma ho un cane. Si chiama Gino.»

Danielle S.

«Ciao, mi chiamo Linda Longobardi. Sono metà italiana. Mio papà si chiama Larry (Lorenzo). È buono, simpatico e intelligente. Ha i baffi neri e i capelli neri. Lavora con l'arte, ha una galleria di quadri a Fallbrook e gioca a golf. Ha una bellissima fidanzata che si chiama Dawn. È spiritosa e dinamica. Mio papà ha due fratelli ma non ha sorelle. Io ho una sorella, Kristina. È bella, con i capelli lunghi e castani. È divertente, ma è anche testarda, come mio padre. I miei nonni sono carini e belli. Mio nonno è calabrese. Io sono ordinata, precisa e simpatica. Io ho un fidanzato che si chiama Jess. Jess è inglese.»

Linda L.

«I miei studenti sono bravissimi!» pensa Clara soddisfatta.

VERO O FALSO?

1. Jackson ha quattro fratelli e quattro sorelle.
2. Danielle ha un fratello, Gino.
3. Linda non ha una sorella.
4. Clara è contenta degli studenti.

FAI UN PICCOLO ALBERO GENEALOGICO DELLA TUA FAMIGLIA E DESCRIVILO A UN COMPAGNO.

CAPITOLO 15

Giacomo De Carolis, 2014
Ai mercati di Rialto trovi tutto.
Like. Comment. Share

Oggi, dopo la lezione, Reese e io andiamo ai mercati di Rialto. Sono al Campo della Pescaria, vicino al famosissimo ponte di Rialto. Ci sono il mercato ortofrutticolo, dei fiori e il mercato del pesce.

«Ortofrutticolo?» chiede Reese.

«Sì, vendono frutta e verdura.» Sono abituato a spiegarle le parole difficili.

«C'è anche il pesce?»

«Sì ed è molto fresco.»

«Ho un'idea. E se compriamo gli ingredienti per fare una bella cena? La facciamo nel mio appartamento e invitiamo anche tuo fratello e la sua ragazza.»

«Mio fratello?! La sua ragazza?! Quale? Ne ha almeno due alla volta!»
Non riesco a capire come o perché, eppure mio fratello è molto popolare
con le ragazze.

«Dai Jack, dai, dai, dai!» Reese sorride e io non resisto.

«Va bene, ma chiami tu Davide.»

«Va bene, dammi il telefonino.»

Messaggino: "Ciao! Vieni a cena a casa mia con la tua ragazza?
Cuciniamo io e tuo fratello. 8 ok?

R&G»

Faccio una faccia buffa e Reese si mette a ridere.

Biip. Ecco la risposta! "Grazie, OK. Portiamo vino, bianco o rosso?"

Sono perplesso, mio fratello che viene a cena dalla mia ragazza con una
ragazza e porta il vino? Lui che ha sempre cose da fare, posti da vedere,
persone con cui parlare?

«Jack, bianco o rosso?»

«Bianco, se cuciniamo il pesce vino bianco.»

«Oddio, ma tu non puoi bere, non hai 21 anni!» fa finta di preoccu-
parsi Reese.

«Whitherspoon Cannoli, non siamo in America, qui si può bere a 20
anni, anche a 19, anche a 18.» Rido. «Allora cosa compriamo?»

Giriamo per le bancarelle, guardiamo i prodotti. Decidiamo cosa preparare per cena. È bello fare progetti con Reese, peccato che stia in Italia
solo fino a luglio.

VERO O FALSO?

1. Prima della lezione Reese e Giacomo vanno al mercato.
2. Si beve vino rosso con il pesce.
3. Reese vuole invitare Davide.
4. Reese è in Italia fino ad agosto.

PARLA CON UN COMPAGNO.

Ti piace fare spese (vestiti, scarpe, eccetera)? Dove? Ti piace fare la spesa
(cibo)? Dove?

frutta

verdura

cuciniamo-cucinare

bancarelle

CAPITOLO 16

San Diego, CA, 2013

È l'ultimo giorno di scuola. Tutti gli studenti portano qualcosa da mangiare o da bere. Clara porta due barattoli giganti di Nutella e del pane che ha comprato da Costco. Tutti sono contenti, fra poco ci sono le vacanze invernali. Parlano dei loro progetti. Tanti studenti vanno a casa dai loro genitori, alcuni vanno in vacanza con gli amici a sciare o a fare snowboarding. Uno o due rimangono a San Diego, ma hanno molti amici con cui fare festa.

«Professoressa, Lei cosa fa durante le vacanze?», chiede Brian mentre mangia un pezzo enorme di pane e Nutella.

«Vado a casa. Prendo l'aereo la prossima settimana, dopo gli esami.»

«Quanto dura il viaggio?» chiede Selene.

«Dura molto, diciotto ore circa. Vado da San Diego a New York e poi da New York a Venezia. I miei genitori vengono a prendermi all'aeroporto con la macchina.»

«È contenta?», Jack sta aprendo un pacchetto di biscotti al cioccolato.

«Sono felicissima! Riabbraccio tutta la mia famiglia, parliamo, mangiamo e dormo molto.»

«Però ci vediamo il prossimo anno, vero?», Tory beve un'aranciata.

«Certo! Ci vediamo a gennaio» risponde Clara. «E adesso, cari studenti, balliamo! Hanna e Dereck hanno studiato la tarantella e oggi ci insegnano come ballarla. Tutti a coppie!»

Hanna e Dereck preparano il computer con un video di YouTube e spiegano i passi della tarantella. È un po' difficile ma non impossibile, e tutti gli studenti provano, anche i più timidi.

«Che bella classe! Che belle persone!» pensa Clara felice.

VERO O FALSO?

1. Hanna e Dereck insegnano la salsa.
2. Clara torna a San Diego a febbraio.
3. Brian mangia pane e Nutella.
4. Tory beve un bicchiere di acqua.

PARLA CON UN COMPAGNO.

Qual è il tuo dolce preferito? Conosci la Nutella, ti piace?

barattoli

aereo

CAPITOLO 17

Giacomo De Carolis, 2014
VIAGGIARE IN TRENO VERSO CASA NON È POI COSÌ MALE...
LIKE. COMMENT. SHARE

Dopodomani Reese viene a casa di mia mamma e mio papà per quattro giorni. Il 23, il 24, il 25 e il 26 dicembre. Mia mamma e mia zia Dina hanno già comprato un regalo per lei e l'hanno messo sotto l'albero di Natale. È un pensiero gentile per non farla sentire sola. Anche mia zia Daniela le ha comprato un regalo, un libro credo. Io le regalo un braccialetto e un paio di orecchini fatti con il vetro di Murano. Il vetro di Murano è molto pregiato e ha colori bellissimi. Il 24, il giorno della Vigilia di Natale, tutta la mia famiglia si riunisce a casa mia per una grande cena, il cenone. Mangiamo antipasti, spaghetti allo scoglio (con il pesce), grigliata mista di pesce e poi panettone, il dolce tipico di Natale. Dopo mangiato parliamo, giochiamo a carte e poi apriamo i regali. Ci sono i miei genitori, mio fratello Davide con una delle sue ragazze, mia cugina Cristina (figlia degli zii Dina e Angelo) con suo marito Massimo e i loro due figli, Emma e Francesco, di cinque e tre anni. Mia cugina Monica (figlia degli zii Dina e Angelo) con il suo fidanzato Paolo, mia zia Diana (la sorella di mia mamma) con lo zio Angelo, la zia Daniela (l'altra sorella di mia mamma) e i miei nonni Luigi e Teresa (i genitori di mia mamma). Ah, c'è anche mia cugina Clara (figlia degli zii Dina e Angelo) con suo marito e il loro figlio. Il marito di mia cugina è americano, loro vivono a San Diego. Reese è di Los Angeles e penso che si divertirà a parlare della California.

VERO O FALSO?

1. Le zie hanno comprato un regalo per Reese.
2. Giacomo compra a Reese dei fiori.
3. A Natale tutta la famiglia di Giacomo si riunisce.
4. Il panettone è il dolce tipico di Natale.

TRACCIA L'ALBERO GENEALOGICO DI GIACOMO INSIEME A UN COMPAGNO E POI CONFRONTALO CON IL RESTO DELLA CLASSE.

orecchini

CAPITOLO 18

In volo, 2014

Clara, suo marito e il loro bimbo sono in viaggio per l'Italia. Clara è molto emozionata. Il viaggio è lungo, ma sono quasi arrivati. Stanno per atterrare a Venezia. Lì ci sono i suoi genitori ad aspettarli. Hanno sempre molti bagagli. Viaggiare con un bambino piccolo richiede molta pazienza e molta preparazione: i vestiti, i biberon, il latte in polvere, i pannolini, eccetera.

Clara pensa alle cose buone che fra poco sua mamma cucinerà. Ogni anno suo papà le offre il caffè e un buona pasta dolce all'aeroporto. Già sente il buon odore del caffè.

VERO O FALSO?

1. Clara viaggia da sola.
2. Gli zii di Clara la aspettano a Venezia.
3. La mamma di Clara cucina bene.
4. Il papà di Clara è generoso.

PARLA CON UN COMPAGNO.

Ti piacce viaggiare? Dove? Ti piace andare in aereo o preferisci la macchina? Perché?

bagagli

CAPITOLO 19

Piccolo paese in Italia, vicino a Venezia, 2014

«Piacere signor De Carolis e signora De Carolis, grazie dell'ospitalità», Reese allunga la mano.

Piacere Reese, se vuoi puoi chiamarci Rosanna e Mario. Se ci diamo del tu è più facile, no?» e poi sono abituati con le fidanzate di mio fratello che non sono per nulla formali, in particolare una finlandese bionda molto bella e molto maleducata: fumava in camera!

«Grazie, va bene. Ecco, questi fiori sono per Lei, uhm per te.» Reese allunga un bel mazzo di fiori verso Rosanna che sorride.

«Grazie, non dovevi disturbarti, sono molto belli, li metto in un vaso sopra al tavolo pronti per il cenone di domani sera.»

«Vuoi un caffè?» chiede Mario.

«No grazie, non si disturbi, uhm, non disturbarti» si corregge Reese.

«Nessun disturbo, noi lo prendiamo sempre a quest'ora.»

«Davvero? Allora va bene, grazie.»

«Giacomo, porti la valigia di Reese nella camera degli ospiti? Le puoi far vedere dov'è il bagno e dove sono gli asciugamani puliti?»

«Ok», con i miei sono di poche parole, ma con i miei amici mi scateno e parlo tantissimo.

«Jack, grazie di avermi portato a casa dei tuoi, sono contenta di non passare il Natale da sola.»

«È un piacere signorina Whitherspoon Cannoli! Mi segua, prego» e detto questo infilo le scale ridendo.

VERO O FALSO?

1. Reese è molto educata con i genitori di Giacomo.
2. La mamma di Giacomo offre un caffè a Reese.
3. Reese è contenta di non essere da sola.
4. Reese dorme nella camera degli ospiti.

PARLA CON UN COMPAGNO.

Ti piace conoscere gente nuova? Come trascorri le feste di Natale? Con la tua famiglia, con gli amici o non le festeggi?

vaso

asciugamani

scale

CAPITOLO 20

Piccolo paese in Italia, vicino a Venezia, 2014

È la Vigilia di Natale. Rosanna e la zia Dina stanno cucinando dalla mattina presto. La casa ha un buon profumo di pane, salsa di pomodoro e dell'immancabile caffè. Reese ha dormito bene. Le lenzuola fresche di bucato le ricordano casa sua. Sente un po' di nostalgia per la sua famiglia, ma oggi vede i suoi genitori e sua sorella con Skype e poi la famiglia di Jack è molto simpatica. È emozionata per questa sera quando tutta la famiglia si riunisce per la cena.

Il pomeriggio il tempo trascorre velocemente. Reese e Giacomo aiutano Rosanna e Dina in cucina, verso le sei preparano una lunga tavola rettangolare con bei piatti, bicchieri per l'acqua, bicchieri per il vino, forchette per l'antipasto, forchette per il dolce, coltello, tovaglioli rossi. Al centro del tavolo ci sono i fiori che Reese ha regalato a Rosanna. Poco dopo le sei tutti si preparano e si vestono elegantemente. Giacomo mette anche un papillon per essere spiritoso. Reese mette un bel vestito rosso e le scarpe nere con i brillantini.

Alle sette il resto della famiglia comincia ad arrivare. Ci sono quasi tutti. Suona il campanello, din don. Giacomo va ad aprire. È Clara con la sua famiglia.

«Ciao Jack! Allora hai trovato una fidanzata americana. Chissà, magari in futuro sarai mio vicino di casa.» Clara e Giacomo si abbracciano e si danno due baci sulle guance. «Me la fai conoscere? Dov'è?»

«Reese? Vieni qui un momento?»

Clara e Reese si guardano e poi scoppiano a ridere. Tutti guardano le due donne senza capire.

«Cerise!», dice Clara sorpresa.

«Professoressa Clara!», dice Reese mentre si abbracciano. Giacomo non capisce più niente.

«Cosa ci fai a casa di mio cugino? Lui mi ha detto di conoscere una ragazza americana, Reese, ma io non ho mai avuto una studentessa chiamata Reese. E poi Giacomo ha detto che vai all'università a Los Angeles!»

«Hai ragione, io mi chiamo Cerise, ma tutti mi chiamano Reese. A me piace di più Reese. Nessuno capisce Cerise, allora dico Reese!»

«E l'università?», chiede Monica che si è appassionata alla storia.

«Ho studiato per due anni a San Diego, dove ho fatto il corso di italiano con Clara. Poi mi sono trasferita a Los Angeles e finisco l'università lì!»

«È vero, hai studiato italiano con me per un anno intero. Parlavi sempre con Travis. Mi ricordo bene! Non posso ancora credere che sia proprio tu Cerise!»

«Per capire bene», dice Giacomo, «tu sei stata la professoressa di Reese...»

«Non solo, ho anche scritto la lettera di presentazione per farla venire a studiare in Italia e sono io che le ho consigliato Venezia! E adesso sei a casa di mia zia.» dice Clara, continuando a sorridere e a guardare Reese/Cerise un po' incredula.

«Wow che storia!» dice la ragazza di Davide che è una nuova e nessuno ha capito come si chiama.

«Cara cugina ti devo un paio di scarpe! Sai Reese, nella nostra tradizione veneta il matchmaker riceve un paio di scarpe per il lavoro che ha fatto.»

«Benissimo, domani andiamo a fare shopping! Ho visto uno stivaletto di Gucci per soli 1150 euro, un affarone» scherza Clara, «niente scarpe, al massimo un paio di calzini!»

È la Vigilia di Natale, in un piccolo paese italiano. In una grande casa ci sono molte persone felici. Mangiano, ridono, scherzano, bevono e fanno i brindisi. Cin cin!

VERO O FALSO?

1. Clara e Reese si conoscono da molto tempo.
2. Reese e Cerise sono la stessa persona.
3. Reese non studia l'italiano con Clara.
4. Al cenone sono tutti tristi.

INSIEME A UN COMPAGNO PUOI FARE UN BREVE RIASSUNTO DI QUESTO CAPITOLO?

lenzuola

bicchieri

guance

calzini

CAPITOLO 21

Epilogo, Marzo, 2015

Reese e Giacomo sono ancora insieme. Reese sta pensando di posticipare il suo biglietto aereo e rimanere in Italia fino a settembre. Sta cercando di convincere Giacomo a fare un giro in gondola con lei a mezzanotte. Lui dice che sono cose da turisti e Reese risponde dicendo che lei è una turista.

Giacomo sta pensando di andare a fare un master in California, a Los Angeles o a San Diego. Non vede l'ora di fare surf e di comprarsi un paio di infradito.

Tutti e due hanno preso il massimo dei voti all'esame di Letteratura. Continuano a parlare di *Breaking Bad*, ma adesso stanno guardando *The Walking Dead* e *True Detective* insieme. Cerise cerca di convincere Giacomo a guardare *Girls*, ma lui dice che sono cose per ragazze, come dice il titolo.

Rosanna e la zia Dina continuano a cucinare cibi squisiti.

Davide vive sempre a Venezia, lavora tantissimo e continua ad avere molte fidanzate.

Clara insegna sempre a San Diego e continua a scrivere lettere di presentazione agli studenti che vogliono andare a studiare in Italia.

VERO O FALSO?

1. Reese e Giacomo non sono più insieme.
2. Reese vuole stare in Italia per più tempo.
3. Giacomo vuole imparare a fare surf.
4. Davide lavora poco.

PARLA CON UN COMPAGNO.

Ti piace il libro? Secondo te, Reese e Giacomo rimangono insieme o si lasciano?

SCHEDA 1: OPINIONI SUGLI ITALIANI. GLI EX STUDENTI DI CLARA DICONO LA LORO OPINIONE.

The first set of opinions is in English, to give you time to orientate yourself, but then we move quickly into Italian. Enjoy!

Che cosa associ alla parola "it al iani"?

In inglese

"I think mostly of Italians I've known. You and your wonderful teaching, friends I've made in other places that came to the US for research jobs, etc. I think about people who place a lot of value in family and who wax poetic about the homes that they've left behind. I think of the people who told me on multiple occasions that in Italy swearing is "an essential part of life. I think of people who greet you warmly when you return for a visit after a long while." Brittany Y.

"I think about their amazing food and gelato, art, family values, traditions, and fashion." Alexa O.

"I think of great cooking and very passionate people. I also think of my family and culture, and how much warmth they both hold. It makes me want to go back to Italy and how beautiful and welcoming my time was there." Audrey F.

"I think of people who gave us some of the most delicious food, friendly, passionate people who center their lives on their families and family values. Also, thinking of Italians leads to me thinking of Italy itself, although I've never been there (yet!), I imagine historic buildings and monuments, beautiful beaches and landscapes." Sam S.

"My mama and I got to go to Italy two summers ago for three weeks.....it was AMAZING. Italians are so warm and funny and friendly. They know how to LIVE and how to love." Natalie K.

"Honestly, I think of my father, all of his family, my brothers and myself. I'm half Italian and there aren't a lot of guidos/guidas walking around, but the ones I do meet are awesome!! We're loud and passionate, super family oriented, and of course, awesome." Chrissy LC.

In italiano

"Cibo, semplicità e famiglia." Sarah H.

"Italiani? La gestualità e il cibo." Jolene L.

"Bellissimi paesaggi, gente espressiva e amichevole, valori familiari, cibo vero (non quello pieno di pesticidi degli USA), fantastico vino rosso e caffè. Uno stile di vita migliore, più sano." Kaitlin H.

"Italiani: penso a persone legate alla famiglia e al cattolicesimo." Amy B.

"Quando penso agli italiani, penso a gente che vive la quotidianità, che si gode la vita, ride mentre consuma un caffè e una brioche al bar. Arte, storia, valori familiari e cibo meraviglioso." Daniela S.

"Penso a gente gioiosa, a famiglie numerose che sono sempre amichevoli e dove tutti sono i benvenuti." Jennifer S.

"Italiani? Gente amichevole e calorosa che eccelle nel godere delle piccole cose come il cibo, il vino e le spiagge. Penso a siciliani estremamente abbronzati con un accento fortissimo che non si capisce. Spiagge bellissime con acqua tranquilla come quella di una piscina." Nicola P.

"Quando penso agli italiani, penso al cibo e all'arte!" Felicia C.

"Secondo me gli italiani=amichevoli, uomini e donne bellissimi... Chiacchieroni e accoglienti!" Silvia Q.

"Secondo me, quando una persona dice "Italiani", penso a una famiglia e a una ricca cultura." Esther C.

"Gli italiani assomigliano alla mia famiglia e alla mia cultura: felice, giovane di cuore (a tutte le età); dunque mi sento benvenuta sempre in Italia o in una casa italiana o in ristorante italiano." Julianna T.

"La mia percezione è cambiata un po' ma di solito penso al cibo e al buono vino e ai formaggi. Anche all'architettura, l'arte, la chiesa cattolica, Berlusconi (lol) LA MODA!!!! Poi dipende, perché la percezione cambia dal Sud al Nord. Personalmente, in alcune cose io mi identifico con il Sud perché vedo alcune somiglianze con la mia cultura." Mauricio V.

"Cibo eccezionale, persone gentili, arte e cultura dell'altro mondo. Ho lasciato il mio cuore in
Italia!" Ariana Christi-Dolores G.

"La famiglia viene prima di tutto e cene enormi." Nicholas B-W.

"Penso sempre agli spaghetti al pomodoro e alle bellissime chiese antiche." Monica V.

"Quando io penso degli italiani penso a gente simpatica, molto socievole, e che ha passione." Emma H.

"Gente che ha passion, apprezza l'arte, il design, la cultura, e la compagnia degli altri." Amir Z.

"Rumorosi, simpatici, romantici (una delle mie canzoni preferite è *Viva i romantici* – Modà)." Trevor C.

"Ovviamente le mie percezioni degli italiani sono cambiate un po' da quando mi sono trasferito qua, però prima di venire qua sarei stato d'accordo con la maggior parte dei commenti precedenti. Io però quando penso agli italiani adesso, penso soprattutto a gente appassionata, espressiva, vivace ed emotiva. Trovo che l'italiano medio (ovviamente si parlano di generalizzazioni) abbia un carattere molto più forte e forse anche un'autoconsapevolezza un po' più elevata rispetto allo stesso americano medio, ed è una cosa che mi sorprende ancora oggi dopo 3 anni!" Ryan J.

"Famiglie grandi, tradizioni, cibo, cultura ricca, religion e amicizia." Jessica O.

"Penso ad un ricco entroterra culturale e a una buona accoglienza. Gente che è orgogliosa delle proprie radici e delle relazioni umane: famiglia, amici. Penso anche a cibo strepitoso e ad arte piena di emozioni." Kat A.

"Persone socievoli che hanno una gioia particolare per la vita, per gli amici e la famiglia. Sono gentili con me quando provo a parlare quel poco italiano che so." Darren V.

"Fare bella figura." Sapna I.

"Famiglia, cibo, cultura incredibile, cene rumorose tantissimi luoghi da visitare e calcio." Lilian V.

"Divertimeto, tanto rumore, lol." Cerise H.

"Penso alla famiglia e ovviamente al cibo." Katya DS.

"Penso che gli italiani parlino la lingua più bella del mondo. Secondo me è molto sexy, ah ah, specialmente quando si canta. Tanti italiani hanno gli occhi verdi, che sono belli. I cibi sono più importanti della vita e hanno passione per tutte le cose belle (paesaggi, arte, musiche e anche le donne ... per gli uomini ...). Non possono parlare se non usano le mani. Mi spiace se uso degli stereotipi." Catherine K.

Conversazione: E tu, quali parole associ alla parola "italiani"?

SCHEDA 2: DANTE ALIGHIERI

Scopri Dante (circa 1265–1321), il padre della lingua italiana, il sommo Poeta. Autore della Divina Commedia (Inferno, Purgatorio, Paradiso).

http://en.wikipedia.org/wiki/Dante_Alighieri

https://www.poets.org/poetsorg/poet/dante- alighieri

http://plato.stanford.edu/entries/dante/

http://www.worldofdante.org/

«Amor, ch'al cor gentil ratto s'apprende,
prese costui de la bella persona
che mi fu tolta; e 'l modo ancor m'offende.
Amor, ch'a nullo amato amar perdona, mi prese del costui piacer sì forte,
che, come vedi, ancor non m'abbandona.

Amor condusse noi ad una morte.
Caina attende chi a vita ci spense.»
Queste parole da lor ci fuor porte.
Dante Alighieri, Inferno V, 100-108

See translation here: http://www.worldofdante.org/comedy/dante/ inferno.xml/1.5 5.100-5.106

SCHEDA 3: LA MUSICA DI GIACOMO

Giacomo ascolta molta musica straniera e poca musica italiana. Cerca su Youtube o su FaceBook alcuni dei suoi cantanti preferiti. Ti piacciono?

Il teatro degli orrori
The Bloody Beetroots
Scuola Furano
Articolo 31
Subsonica
Caparezza
Franco Battiato
Baustelle
Lo Stato Sociale
Fabri Fibra
I Ministri
Nesli
Club Dogo
Tre allegri ragazzi morti
883
Noisepill

SCHEDA 4: LA MUSICA DI CLARA

Ascolta alcune canzoni che piacciono a Clara su Youtube! Quale ti piace?

Franco Battiato
Francesco De Gregori
Arisa
Marco Mengoni
Tiziano Ferro
Giorgia
Elisa
Fabrizio De Andre
Cesare Cremonini
Mina
Ligabue
Gianna Nannini
Caparezza
Vasco Rossi
Subsonica
Roberto Vecchioni
Modà

Giovanni Allevi
Lucio Battisti
Modena City Ramblers
Luca Barbarossa
Lorenzo Cherubini
Zibba
Gino Paoli

SCHEDA 5: I FILM DI GIACOMO E CERISE

Molti film sono su Netflix, altri on line.
Cinema Paradiso
Notte prima degli esami
Zenzero e cannella
Scialla
Il Divo
La vita è bella
Almeno tu nell'universo
Baciami ancora
Basilicata, coast to coast
Alza la testa
Anche libero va bene
Buongiorno notte
Benvenuti al sud/Benvenuti al nord
Bianco e Nero
Caos calmo
Caso mai
Come Dio comanda
Chiedimi se sono felice
Diverso da chi?
Mine vaganti
La meglio gioventù
È nata una star
Manuale d'amore
Il mio miglior nemico
Un altro mondo
Gomorrah

Roma citta aperta

SCHEDA 6: IL LINGUAGGIO DEI GIOVANI IN BREVE

You have probably noticed that in the chapters where Giacomo is speaking, there is quite a bit of slang (gergo). The language of young people changes and evolves quite rapidly. It is not only just a spoken phenomenon, but a written one as well with the ever present use of cellphone messages (SMS), e-mails, Facebook, Twitter, etcetera. The more and more, when using their language young people do not pay attention to grammar, punctuation or spelling. The priority is to be quick, witty and to keep communication flowing fast. Oftentimes emotions are expressed by emoticons.

Here are some examples.

Tranqui (short for tranquillo)-no worries

Scialla-don't worry, chill, relax

Bomber/bomberata- somebody who does something great without putting much effort into it. The action of a *bomber*. For instance if you ace an exam without studying, you are a *bomber*.

Figo!-cute, hot.

Sfigato- unlucky

Ciao zio!/Ciao vecchio!- a new way to say hello to your close friends. *Zio* means *uncle*, *vecchio* means *old*, but in this context is more like: "Hey bro!"

Some examples of SMS symbols and words.

Ti voglio bene-t.v.b

Comunque - cmq

Perchè – xkè

Sono -sn

Sei – 6

Per - x.

Ci vediamo - c ved

Ch- k

***A little bit of grammar to review, to refresh your memory or to learn something new!

Grammatica 1: gli accenti in breve

The strange nature of Italian accents, or is it?

The accent can be *grave* (`) or *acuto* ('). Whenever the vowels a, i, o, u are the last letter of an accented word the accent is always grave: à, ì, ò, ù.

On the vowel e, the accent is *grave* or *acuto* depending on the pronunciation that can be open or close. The third person of the verb essere (to be) is written like so: è or like so È if capitalized. The accent is *acuto* on the words formed with -che (perché, affinché, etc.) and on words with - tre (ventitré, trentatré etc.). In almost all other cases the accent is *grave*.

The word yes is sì.

The *circonflesso* accent is not used anymore. For instance, the plural form of words ending in –io is a simple –i, not -ii, or -î.

To know more: http://comunicaresulweb.com/scrittura/accento/

Grammatica 2: gli articoli

In Italian we have indefinite and definite articles. You have them in English too. For instance an indefinite article is: a/an, ex. A dog. The definite article is: the, ex. the book.

L'articolo indeterminativo can be masculine or feminine, there is no plural. The gender of the articles is determined by the gender of the noun that follows. Ex. Bambina is feminine → una bambina. Bambino is masculine → un bambino.

The forms of the articles change according to the gender of the noun and the first letter/letters of the noun that follows. Look at the chart below.

MASCHILE	FEMMINILE
UN + vowels (a, e, i, o, u)	UN' + vowels
UN + consonants except ...	UNA+ consonats (all consonants!)
... UNO + Z/ST/SP/GN/PS	

Can you find a few examples in the story you have just read? Ex. Ch.1. Un punto/ Una faccia.

L'articolo determinativo can be masculine or feminine, singular or plural. The forms of the articles change according to the gender and number of the noun and the first letter/letters of the noun that follows. Look at the chart below.

MASCHILE SINGOLARE	MASCHILE PLURALE	FEMMINILE SINGOLARE	FEMMINILE PLURALE
L'+ vowels (a,e,i,o,u)	gli	L'+ vowels	LE
il + consonants except...	i	La +consonants (all consonants!)	LE
... lo + S+consonant(SC/SP/ ST), Z, PS, GN	gli		

Can you find a few examples in the story you have just read?

Grammatica 3: il verbo piacere

It is very tempting to translate literally while learning a new language. However this practice may, and usually does lead to mistakes. A great example is the verb *piacere*. We use it to convey that we like something or somebody, but where in English you say: *I like cakes*; in Italian the form we use translates more into: *cakes are pleasing to me*.

Observe. "Mi piacciono i dolci." I dolci is the subject, piacciono is the verb and mi is to me, indirect object.

Mi piace + singular nouns	Mi piacciono + plural nouns
Mi piace + verbs at the infinite form	

Ex. Mi piace la cioccolata. Mi piace mangiare. Mi piacciono i dolci. Can you write your own examples?

Mi piace _____. Mi piacciono _____.

Grammatica 4: il presente indicativo dei verbi regolari

Once you master the present tense, you can really express yourself and communicate more clearly. The infinitive of Italian verbs ends in –ARE, -ERE or –IRE (cantare, prendere, dormire).

Observe this example and answer the questions. "La professoressa spiega. Io scrivo, lei disegna." Tu disegni? Che cosa disegni? _____

Here is a summary of all the endings.

	CANTARE	SCRIVERE	DORMIRE
io	Cant-o	Scriv-o	Dorm-o
tu	Cant-i	Scriv-i	Dorm-i
Lui/lei/Lei	Cant-a	Scriv-e	Dorm-e
noi	Cant-iamo	Scriv-iamo	Dorm-iamo
voi (you all)	Cant-ate	Scriv-ete	Dorm-ite
loro	Cant-ano	Scriv-ono	Dorm-ono

*Note that there are many irregular verbs (ex. Fare-to do/to make, bere-to drink, andare-to go). They do not follow the same patterns as regular verbs. Essere and avere are irregular. Do you remember how to conjugate them?

ESSERE (TO BE)	AVERE (TO HAVE)
io	
tu	
Lui/lei/lei	
noi	
voi	
loro	

Esercizi a coppie:

1. Puoi scrivere alcune parole che cominciano con le seguenti lettere?
Esempio. F: festa, faccia.

A:

B:

C:

D:

2. Puoi scrivere il nome delle quattro stagioni?

a. P _____

b. E _____

c. A _____

d. I _____

Qual è la tua stagione preferita? E qual è il tuo mese preferito?

3. I colori
    a. Il mare è _____
    b. Le stelle sono _____
    c. Il pomodoro è _____
    d. La bandiera americana è _____, _____, _____
    e. La bandiera italiana è _____, _____, _____

4. Il contrario
    a. basso
    b. forte
    c. pigro
    d. noioso
    e. triste
    f. grasso
    g. bello
    h. freddo
    i. buono
    E tu come sei? Usa tre aggettivi. "Io sono _____."

5. Cosa fai quando...?
    a. sei stanco?
    b. sei felice?
    c. sei stressato?
    d. sei innamorato?

6. Quale giorno della settimana preferisci? Conversazione con un compagno.
    Preferisco _____, e tu?

7. Conversazione con un compagno.

Hai fratelli o sorelle? Quanti? Come si chiamano? Hai un animale domestico, un cane, un gatto? Quanti anni ha tua mamma e tuo padre? Come si chiamano i tuoi nonni? Dove abitano? Hai molti amici? Hai una bicicletta? Hai una macchina?

8. Scrivi una frase che abbia senso con le seguenti parole. *Esempio: mangiare. Mangio la pizza al ristorante.*

    a. studiare

    b. una penna

    c. sempre

    d. le vacanze e. leggere

9. Completa gli spazi bianchi. Canzone: "Mondo", Cesare Cremonini fut. Jovanotti. Ascolta la canzone una volta senza leggere il testo.

infradito

Ascoltala una seconda volta e completa gli spazi bianchi. Confrontati con un compagno.

"Ho visto un posto che mi piace si chiama _____

Ci cammino, lo respiro la mia _____ è sempre intorno

Più la guardo, più la _____ più la incontro

Più lei mi spinge a camminare come un _____ vagabondo ...

Ma questo è il posto che mi piace si chiama mondo"

10. Completa gli spazi bianchi. Canzone: "Killer", Tiziano Ferro e Baby K. Ascolta la canzone una volta senza leggere il testo. Ascoltala una seconda volta e completa gli spazi bianchi. Confrontati con un compagno.

"Mi piaci solo senza _____

mi piaci se li perdi tutti

mi piaci e anche senza _____

mi piace quando non si dorme

Ti piaccio soltanto se appesa al tuo _____

A fianco a te e il tuo oro e Cartier prendi pezzi di me

uno tira l'altro, ma _____ tengo l'ultima parte del puzzle"

11. Quale canzone preferisci? La canzone di Cesare Cremonini o quella di Tiziano Ferro? Perché? Preferisco _____, perché _____ .

ACKNOWLEDGMENTS

My heartfelt thanks to all the readers of this book in its various drafts for their input, suggestions and feedback–particularly to Franka Frost, John and Roxann Simone, Larry Longobardi, Trevor Cabrera, Elena Colombo, Lodovica Guidarelli and my family. Thanks to Todd Kostyshak, Jolene Leon, Cerise Hungate, Emanuela Patroncini, Honey Fila (each of you knows why); to my great team at Cognella for their help and support: Seidy Cruz, Sarah Wheeler, Chelsey Rogers, Jess Busch, Jennifer Lavine and Natalie Lakosil.

An enthusiastic thank you to all my brilliant students at University of California, San Diego that have been inspiring me till 2002: you have no idea of the impact you have had on my life. I feel privileged to have known every single one of you, and to call many of you my friends. You have taught me so very much: grazie!

Thank you to the wonderful people at the Linguistics Language Program, at University of California San Diego who make going to work a smiley affaire. Thank you much to Elke Riebeling my irreplaceable coordinator and mentor for believing in me and sharing her time and expertise selflessly; to Grant Goodhall, Language Director for always making time to listen to my ideas and giving counsel and encouragement; to my colleagues for their friendship and trust: above all the dedicated Gabriella Pozzoli, and then Giacomo Gaggio, Dima Saab, Emmanuelle Brodard, Jeannette Mohr, Susanna Llop-Jover, Denise Paladini, Abdelhak Akjeje and all the others who came and went.

Although this book is a work of fiction, I have to thank my Italian cousins Giacomo De Carlo and Davide De Carlo for letting me borrow from their FaceBook pages and for counseling me during the time I formulated the idea for this book and throughout the writing process. They have taught me a 101 class in being young in today's Italy; I asked them many questions to which they have always gave me exhaustive answers without any attitude. Without Giacomo and Davide this book would not have come about.

CREDITS

Alto vs. basso: Copyright © 2013 Depositphotos Inc./ventdusud. ♦ Magro: Copyright © 2013 Depositphotos Inc./olly18. ♦ Capelli: Copyright © 2013 Depositphotos Inc./andresr. ♦ Naso: Copyright © 2012 Depositphotos Inc./Tribaliumivanka. ♦ Baffi: Copyright © 2012 Depositphotos Inc./lightsource. ♦ Laureato: Copyright © 2011 Depositphotos Inc./kalinovksy. ♦ Dormo: Copyright © 2011 Depositphotos Inc./charlesknox. ♦ Pendolare: Copyright © 2011 Depositphotos Inc./photography33. ♦ Telefonino: Copyright © 2011 Depositphotos Inc./cobalt88. ♦ Mano: Copyright © 2012 Depositphotos Inc./rozelt. ♦ Testa: Copyright © 2013 Depositphotos Inc./decade3d. ♦ Lavagna: Copyright © 2013 Depositphotos Inc./Alexan66. ♦ Piccioni: Copyright © 2012 Depositphotos Inc./odenis83. ♦ Stivale: Copyright © 2013 Depositphotos Inc./eldadcarin. ♦ Occhiali: Copyright © 2012 Depositphotos Inc./anterovium. ♦ Nuotare: Copyright © 2012 Depositphotos Inc./markin. ♦ Ombrello: Copyright © 2012 Depositphotos Inc./artfotoss. ♦ Acqua: Copyright © 2012 Depositphotos Inc./trans961. ♦ Passerelle: Copyright © 2013 Depositphotos Inc./vladvitek. ♦ Aspettare: Copyright © 2013 Depositphotos Inc./tiplyashin. ♦ Sacchetti dell'immondizia: Copyright © 2012 Depositphotos Inc./PicsFive. ♦ Piedi: Copyright © 2012 Depositphotos Inc./vkraskouski. ♦ Sorridendo: Copyright © 2013 Depositphotos Inc./andresr. ♦ Le scarpe con il tacco: Copyright © 2012 Depositphotos Inc./Sashkin7. ♦ Forno a microonde: Copyright © 2011 Depositphotos Inc./Elnur_. ♦ Esami: Copyright © 2013 Depositphotos Inc./Wavebreakmedia. ♦ Voto: Copyright © 2011 Depositphotos Inc./AlphaBaby. ♦ Soldi: Copyright © 2012 Depositphotos Inc./Knut_Wiarda. ♦ Sigaretta: Copyright © 2013 Depositphotos Inc./Wavebreakmedia. ♦ Concetto: Copyright © 2012 Depositphotos Inc./SergeyNivens. ♦ Appunti: Copyright © 2011 Depositphotos Inc./Balefire9. ♦ Disegni: Copyright © 2012 Depositphotos Inc./peshkova. ♦ Ascoltare: Copyright © 2010 Depositphotos Inc./zwolafasola. ♦ Ballare: Copyright © 2013 Depositphotos Inc./Andy-pix. ♦ Chiavi: Copyright © 2013 Depositphotos Inc./krasyuk. ♦ Divano: Copyright © 2012 Depositphotos Inc./bigfatnapoleon. ♦ Frigorifero: Copyright © 2014 Depositphotos Inc./ljsphotography. ♦ Vecchio: Copyright © 2013 Depositphotos Inc./-art-siberia-. ♦ Avvocato: Copyright © 2013 Depositphotos Inc./agiampiccolo. ♦ Cravatta: Copyright © 2012 Depositphotos Inc./anterovium. ♦ Vestiti: Copyright © 2013 Depositphotos Inc./belchonock. ♦ Truccate-truccarsi: Copyright © 2012 Depositphotos Inc./Subbotina. ♦ Arancione: Copyright © 2012 Depositphotos Inc./hemantraval. ♦ Arancia: Copyright © 2013 Depositphotos Inc./Valentyn_Volkov. ♦ Battello: Copyright © 2013 Depositphotos Inc./pio3. ♦ Ubriachi: Copyright © 2013 Depositphotos Inc./kmiragaya. ♦ Un calcio: Copyright © 2013 Depositphotos Inc./AndreyPopov. ♦ Pesci: Copyright

Printed by Libri Plureos GmbH in Hamburg, Germany